통합 구성도

이 책은 '세계의 동굴'을 중심으로
역사, 사회, 과학, 경제 등을 연계하여
창의적 융합 사고가 가능하도록 구성하였습니다.

지리
동굴이 분포하는 지리적 특성과 세계적으로 유명한 동굴을 알아보아요.

경제
동굴의 발견과 개발, 보존을 통해 얻을 수 있는 경제적 이점을 생각해 보아요.

역사
동굴에 남겨진 인류 역사와 문화의 흔적을 만나 보아요.

과학
동굴과 그 부속물이 생성되는 원리와 동굴의 생태에 대해 공부해 보아요.

사회
사람들이 동굴을 어떻게 이용했는지, 과거와 현재의 눈으로 살펴보아요.

세계의 동굴

추천 감수_ 남영우
서울대학교 사범대학 지리교육과를 졸업하고 동 대학원에서 석사 학위를 받았으며, 일본 쓰쿠바 대학 지구과학연구과 박사 학위를 받았습니다. 일본 쓰쿠바 대학 초빙 교수, 미국 미네소타대학 교환 교수, 한국도시지리학회 회장을 역임하였습니다. 현재 **고려대학교 지리과 명예 교수**로 재직 중입니다. 주요 저서로는 〈세계화 시대의 도시와 국토〉(공저), 〈한국지도학발달사〉(공저), 〈서울의 도시구조 변화〉 등이 있습니다.

추천 감수_ 이영민
서울대학교 사범대학 지리교육과를 졸업하고 동 대학원에서 석사 학위를 받았으며, 미국 루이지애나주립대학교에서 지리인류학 박사 학위를 받았습니다. 현재 한국도시지리학회 회장이며, **이화여자대학교 사회과교육과 교수**로 재직 중입니다. 주요 저서로는 〈세계의 도시와 건축〉, 역서로 〈포스트식민주의의 지리〉, 〈현대 문화지리학: 주요개념의 비판적 이해〉, 〈문화·장소·흔적: 문화지리로 세상 읽기〉 등이 있습니다.

추천 감수_ 민용태
한국외국어대 서반아어과를 졸업하고, 마드리드 대, 서반아 국가 서문학 박사입니다. 저서로는 〈민용태 시선집〉, 〈세계의 명작을 찾아서〉, 〈서양 문학 속의 동양을 찾아서〉, 〈성의 문화사〉, 〈스페인 문학 탐색〉, 〈라틴 아메리카 문학 탐색〉 등이 있습니다.

글_ 정재은
광주에서 태어나 전남대학교를 졸업한 뒤, 출판사에서 책을 만들었고 KBC 광주 방송국에서 작가로 활동했습니다. 지금은 동화 작가들의 모임인 '우리누리'에서 어린이의 눈빛으로 꿈이 담긴 책을 쓰고 있습니다. 그동안 쓴 책으로 〈우리는 한겨레, 북한 문화재〉, 〈생쥐 빈스의 꿈〉, 〈곰곰이 아저씨가 이상해〉, 〈경제 귀신 돈 몬스터〉, 〈수학유령의 암호수학〉 등이 있습니다.

• 유니세프한국위원회, 이미지클릭/Corbis, 연합포토, MBC 문화방송 타임 스페이스, 이미지 CD, 일러스트 탱크, Image Farm, Image PRO, World Innocence, Comstock, ImageDJ Corporation, digitalvision, Mixa, IMAGEGAP, iclickart, DJA digital images, Photo Box

통합교과 세계지리 탐구
22 세계의 자연환경 _ 세계의 동굴
동굴에서 보낸 수수께끼 편지

총기획 및 발행인 박연환 | **발행처** 한국헤르만헤세지점 한국셰익스피어
출판등록 제324-2010-000011호
본사 경기도 성남시 분당구 대왕판교로 34번길 23 한국헤르만헤세 빌딩
대표전화 (031)715-8228 | **팩스** (031)786-1001 | **고객문의** 080-470-7722
편집 백영민, 이은정, 송정호 | **디자인** 조수진, 박미경

ⓒ 한국셰익스피어

이 책의 저작권은 **한국셰익스피어**에 있습니다. 본사의 동의나 허락 없이는 어떠한 방법으로도 내용이나 그림을 사용할 수 없습니다.

⚠ 주의 : 본 교재를 던지거나 떨어뜨리면 다칠 우려가 있으니 주의하십시오.
고온 다습한 장소나 직사광선이 닿는 장소에는 보관을 피해 주십시오.

99.9% 항균 한국셰익스피어는 아이들의 안전을 위하여 도서 표지를 99.9% 항균 처리하였습니다.

22
세계의 동굴

동굴에서 보낸 수수께끼 편지

추천 감수 남영우, 이영민, 민용태 | 글 정재은

한국셰익스피어

세계의 동굴

학교가 끝나자마자 하진이 언니랑 정신없이 집으로 달려왔어.

"엄마, 아빠는?"

"벌써 떠나셨지. 자주 연락하실 테니 섭섭해도 좀 참으렴.
참, 아빠가 너희 방에 뭘 두고 간다던데?"

나는 실망해서 다리가 탁 풀린 탓에 움직일 수 없었어.

하지만 언니가 외치는 소리 듣고 벌떡 일어나 방으로 달려갔지.

"하영아, 이것 봐. 세계 지도야. 여기 빨간 점들이 뭔지 알겠어?"

"당연히 알지. 아빠가 돌아볼 동굴들이지."

우리는 아빠가 붙여 놓고 간 커다란 세계 지도를 뚫어져라 쳐다보았어.

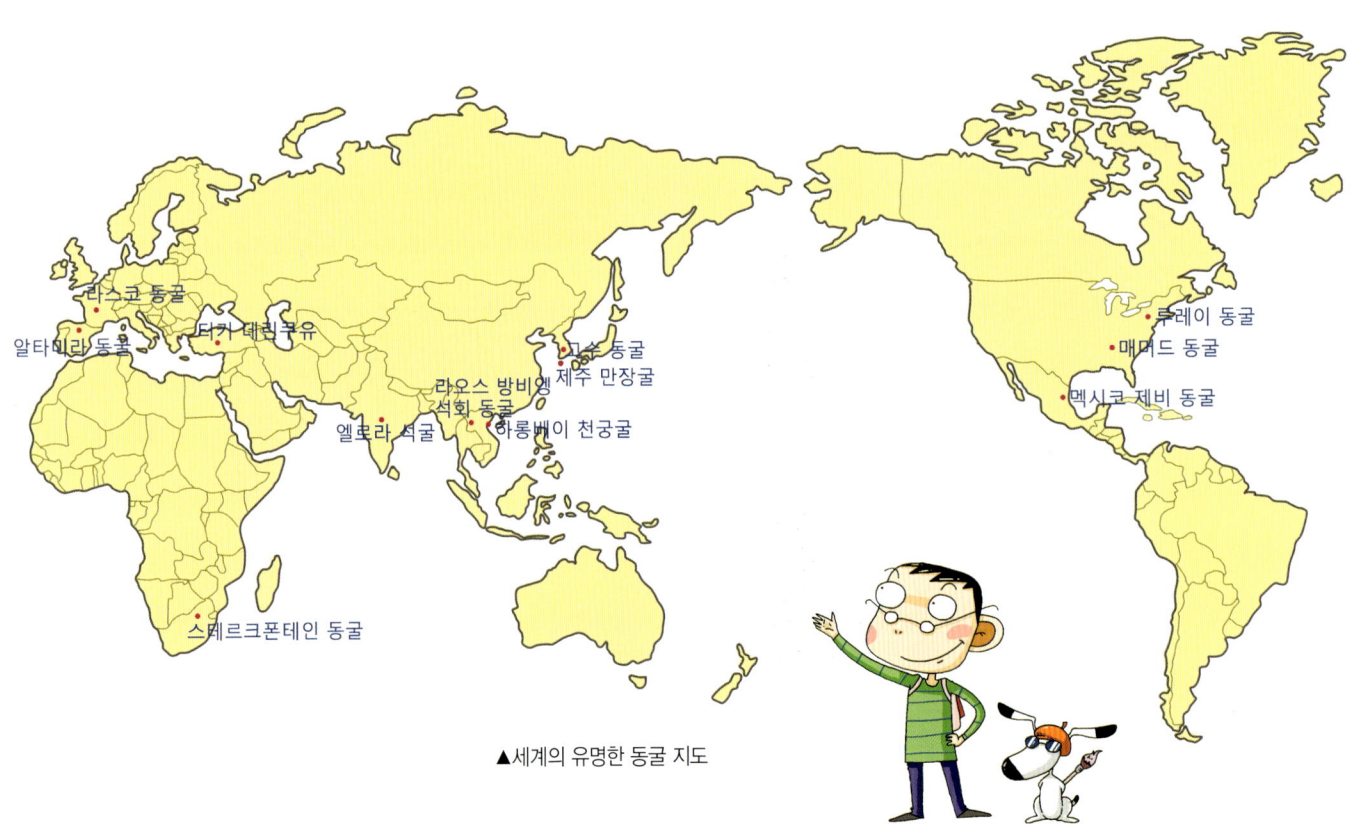

▲세계의 유명한 동굴 지도

아빠는 동굴을 연구하는 학자야.

오늘, 세계 여러 곳의 동굴을 돌아보러 떠나셨지.

뜨거운 열대 지방부터 추운 남극까지 동굴은 세계 곳곳에 있거든.

나는 손가락으로 동굴을 하나씩 짚어 보았어.

아빠는 어떤 순서로 동굴을 돌아보고 계실까?

"하영아, 아빠는 어두운 동굴 속에서 무슨 생각을 하실까?"

언니도 나처럼 벌써부터 아빠가 보고 싶은가 봐.

엘로라 석굴은 인도에 있는 석굴 사원이야.

▲엘로라 석굴 중앙 사원

교과서 속 세계지리 플러스

동굴이란?

동굴은 물이나 화산 등 자연의 힘 때문에 땅속에 생긴 빈 공간이에요. 사람이 들어갈 수 있는 정도 이상의 크기가 되어야 동굴이라고 하지요. 사람들이 만든 터널이나 토굴과 같은 인공 동굴은 자연 동굴과 구별되어요.

◀**엘로라 석굴** 거대한 암벽을 파서 만든 인도의 석굴 사원으로 유네스코 세계 문화유산이다.

인류의 요람 스테르크폰테인 동굴

아빠가 떠나신 지 일주일 만에 첫 번째 이메일이 도착했어.

사랑하는 하진아, 하영아!
아빠는 지금 인류의 요람에 와 있어. 어딘지 맞혀 보렴.
이 깊은 동굴에는 인류의 조상이라고 볼 수 있는 동물의 뼈가 발견되었단다.
어떤 조상은 사고로 동굴에 빠지는 바람에 목숨을 잃은 것 같구나.
그의 죽음은 안타깝지만 덕분에 후손들이 인류의 기원을 밝힐 수 있게 되었으니
뜻깊은 죽음이기도 하다. 아주 고마운 조상님이다.
하영아, 하진아, 언뜻 보기에는 나쁘기만 한 일도 달리 생각해 보면
긍정적인 면을 찾을 수 있단다.
너희들도 이런 점을 꼭 기억했으면 좋겠구나.

▼스테르크폰테인 동굴 150만 년~350만 년 전에 살았던 인류의 조상이라고 볼 수 있는 화석 표본이 발견되었다.

▲남아프리카 공화국에서 스테르크폰테인 동굴의 위치

"아프리카의 동굴일 거야. 아프리카는 인류가 탄생한 곳이니까."
내 말이 끝나기도 전에 언니는 벌써 동굴 책을 뒤지고 있었어.
동굴 박사님인 아빠 덕분에 우리 집에는 인터넷보다 사진과 설명이 훨씬 자세하게 나온 동굴 책이 아주 많거든.
"아, 찾았다. 아빠는 지금 남아프리카 공화국에 있는 스테르크폰테인 동굴에 계셔."
나는 언니가 찾은 책 위로 얼굴을 디밀었어.
"와, 동굴이 여섯 개나 이어져 있대. 잘못 들어가면 길을 잃겠다."
"맞아. 혹시 길을 잃어 죽은 조상님 뼈도 있는 거 아냐?"
언니와 나는 동굴 유령이라도 만난 것처럼 몸을 부르르 떨었어.

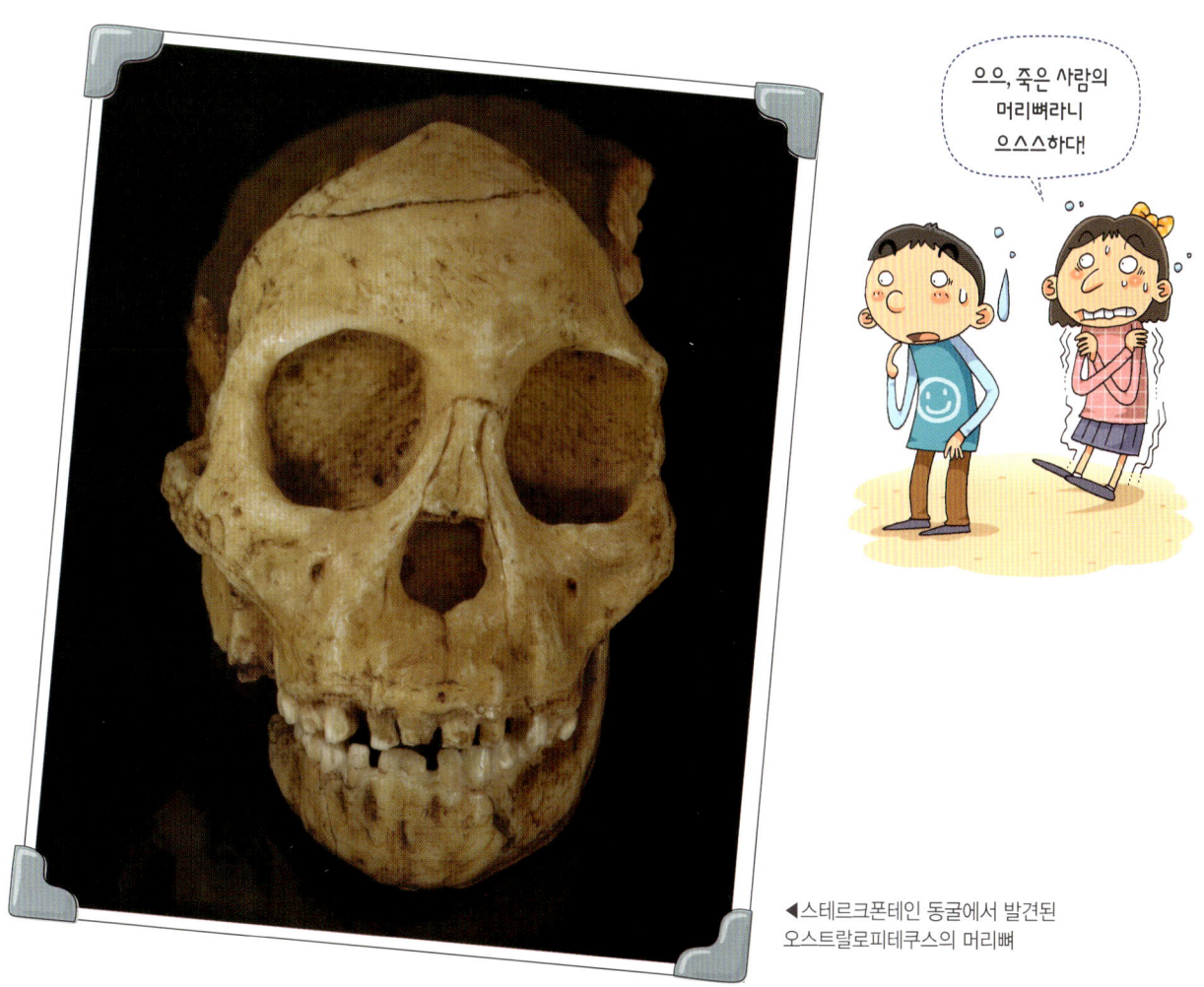

◀ 스테르크폰테인 동굴에서 발견된 오스트랄로피테쿠스의 머리뼈

벽화가 그려진 라스코 동굴

사랑하는 하영아, 하진아!

아빠는 지금 인류의 흔적을 쫓아왔다.

구석기 시대 사람들이 어떻게 살았는지 아니?

사냥을 하고, 과일을 따 먹으며 지냈을 거라는 상상이 되지?

실제로도 그렇단다. 구석기 사람들은 동굴에 자신들의 흔적을 남겨 놓았지.

아빠는 오늘 색깔까지 선명하게 남은 600여 점의 동굴 벽화를 보며 다시 한 번 느꼈다.

예술성은 인간이 기본적으로 갖고 태어나는 것 같다는 것을.

문명의 발달이나 배움의 깊이와

상관없이 말이다.

> 라스코 동굴에는 구석기 사람들의 흔적이 남아 있어.

▲프랑스 몽티냐크 라스코 동굴의 위치

교과서 속 세계지리 플러스

라스코 동굴 벽화

라스코 동굴 벽화는 프랑스 도르도뉴 지방의 라스코 동굴에서 발견된 구석기 시대의 그림이에요. 들소, 사슴, 새 등을 그린 그림과 사람이 살던 흔적 등이 발견되었어요.

▶여러 가지 동물들이 그려진 라스코 동굴 내부

아빠의 두 번째 이메일을 읽고 지난번에 펼쳐 본 동굴 책을 뒤져 보았어.

"구석기 벽화가 있는 동굴은 프랑스의 라스코 동굴과

에스파냐의 알타미라 동굴이야.

특히 라스코 동굴에는 벽화가 600여 점이나 있는데, 무척 아름답대.

그렇다면 지금 아빠가 계신 곳은 라스코 동굴이야."

나는 구석기 사람이 되어 동굴 벽에 그림을 그리는 상상을 했어.

책에서는 동굴 벽화는 구석기 사람들이 사냥을 더 많이 하길 바라며

그린 그림일 것 같다고 했어.

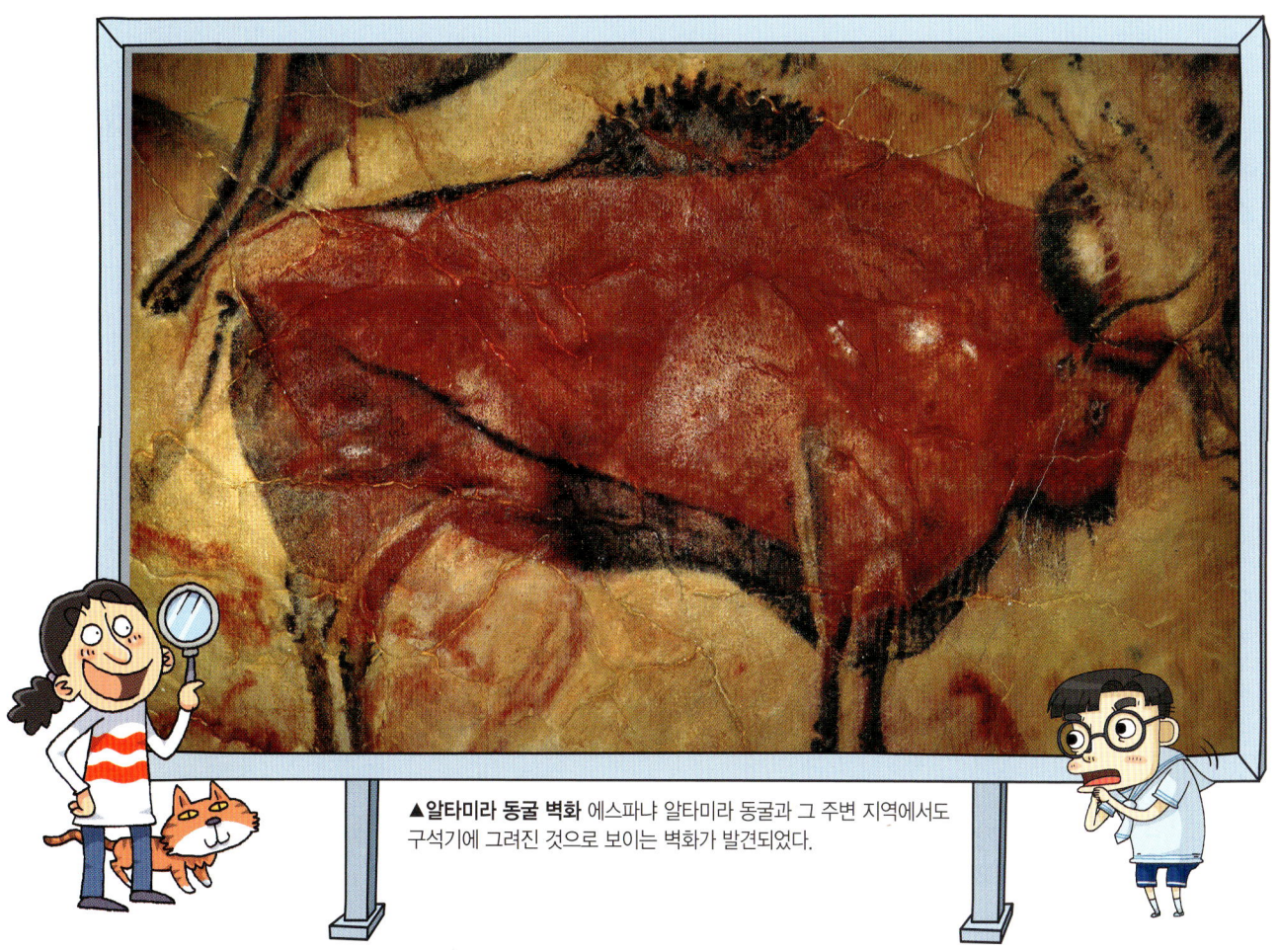

▲ **알타미라 동굴 벽화** 에스파냐 알타미라 동굴과 그 주변 지역에서도 구석기에 그려진 것으로 보이는 벽화가 발견되었다.

100만 년 전에 만들어진 루레이 동굴

언니랑 별것도 아닌 일로 싸웠어.
"그냥 언니도 아니고 쌍둥이 언니면서 잘난 척 좀 그만해!"
난 언니가 제일 싫어하는 말을 하고 말았지.

하진아, 하영아!
아빠는 지금 미국에 있는 거대한 루레이 동굴에 와 있다.
무려 100만 년 전에 지하수가 석회암을 녹여 만든 이 동굴에는
햇빛도, 먹이도 거의 없지만 동물들이 살고 있구나.

▲루레이 동굴

▲미국 버지니아 주 루레이 동굴의 위치

루레이 동굴은 약 100만 년 전에 형성된 석회 동굴이야.

이들은 무엇을 먹을까?

바로 박쥐 똥이란다. 힘든 환경 속에서 살아남는 방법은

서로 돕는 것뿐이구나! 너희가 쌍둥이 자매라 한결 안심이 된다.

때마침 온 아빠의 편지는 내 양심을 콕콕 찔렀어.

아빠는 내 마음속에서 나를 지켜보고 계시는 것 같아.

종유석이 마치 머리카락처럼 늘어져 있네.

◀루레이 동굴 종유석

세계에서 가장 큰 매머드 동굴

언니랑 다투고 난 뒤로 되는 일이 없어.
아끼던 자전거까지 도둑맞는 바람에 친구들이랑 놀러도 못 가게 되었어.
너무 속상해서 눈물이 다 났어.
아빠 메일을 보고는 더 마음이 복잡해졌지.

하영아, 하진아!
아빠는 지금 세계에서 가장 긴 동굴에 와 있다.
이 동굴의 끝이 어디인지 아무도 모른단다.
지금까지 밝혀진 구간이 320킬로미터,
하지만 앞으로 1,000킬로미터는 더 남은 것 같구나.

▲ 미국 켄터키 주 매머드 동굴의 위치

▲ 세계에서 가장 거대한 매머드 동굴

매머드 동굴은 세계 최대 규모의 석회암 동굴이야.

이곳에서 길을 잃어버리면 큰일이겠군.

아빠는 겉만 보고는 알 수 없는 땅속 세상에 새삼 놀라고 있단다.
지금은 거대한 동굴인 이곳이 몇억 년 전에는 바다였다는 것을 믿을 수 있겠니?
겉만 보고는 진심을 알 수 없다. 너희 마음속에 얼마나 큰 사랑이
들어 있는지 그 안을 들여다보았으면 좋겠다.

세상에서 제일 긴 동굴은 미국 켄터키 주에 있는 매머드 동굴이야.
어릴 때 언니랑 둘이 약속했어. 크면 꼭 같이 매머드 동굴 끝까지 가 보자고.
매머드 동굴에는 지금도 지하수가 계속 흘러들어 석회암을 녹이고 있대.
우리가 갈 때쯤이면 지금보다 더 동굴이 넓어지겠지?
내 마음도 지금보다 더 넓어지기를……

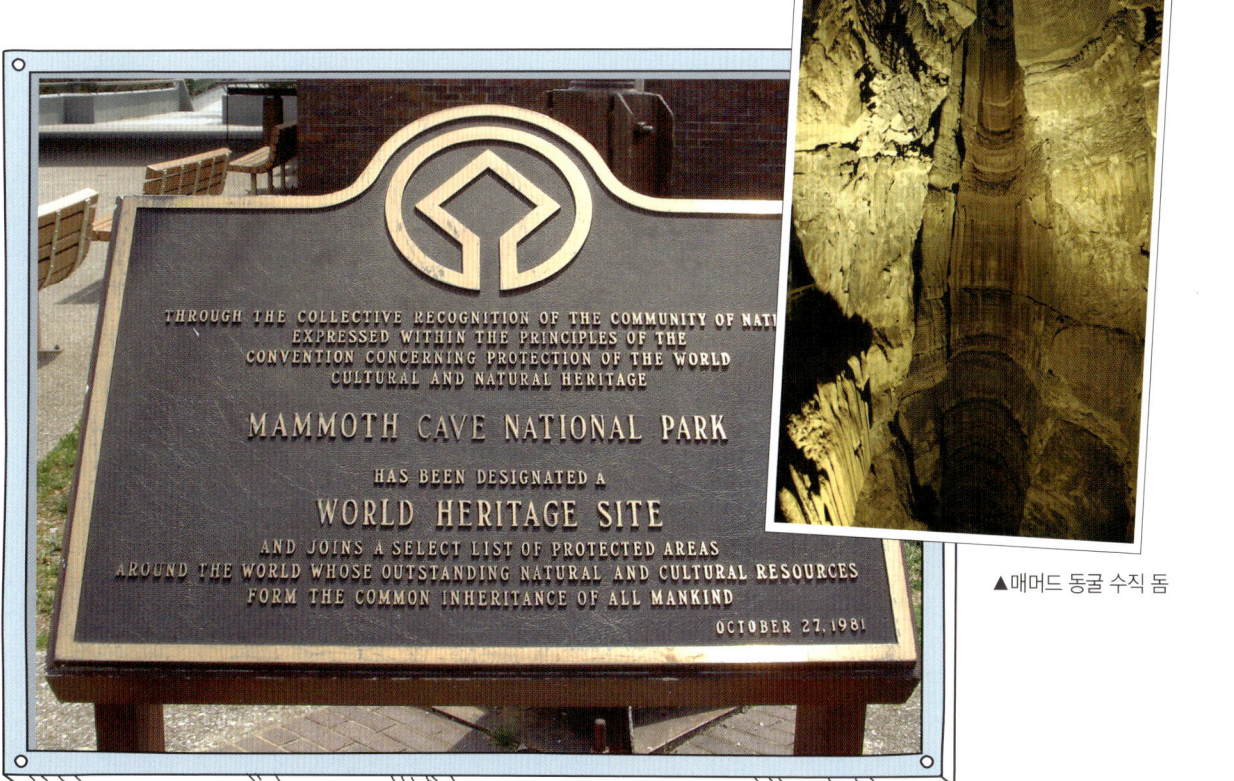

▲매머드 동굴 수직 돔

▲매머드 동굴이 유네스코 세계 문화유산임을 알리는 표지판

우리나라의 고수 동굴

"사진으로만 보지 말고 우리도 진짜 동굴 탐험을 해 보자, 응?"

엄마가 언니와 나를 데리고 고수 동굴에 갔어.

아직도 냉랭한 분위기인 언니와 나를 화해시키려는 뜻이 분명했어.

고수 동굴은 석회암이 많은 충북 단양에 있는 우리나라의 대표적인 동굴이야.

동굴 안으로 들어서자 서늘하고 습한 기운이 훅 끼쳤어.

"습도계 좀 봐. 97.3퍼센트야. 비도 안 오는데……."

언니가 어이가 없다는 듯 말했어.

별로 웃기지는 않았지만 나는 깔깔깔 웃었지.

동굴 속에 내 웃음소리가 쩌렁쩌렁 울리자 언니도 따라 웃었어.

▲충청북도 단양의 고수 동굴 약 4억5천 만 년 동안 생성되어 온 석회암 자연 동굴이다.

▲고수 동굴 종유석

교과서 속 세계지리 플러스

석회 동굴

석회암으로 이루어진 동굴을 '석회 동굴'이라고 해요. 석회암 성분은 비에 녹으면 구멍이 뚫리기 때문에 동굴이 잘 생겨요. 석회암은 고생대의 바다에 쌓였던 퇴적물이 암석으로 변한 거예요. 높은 산에서도 석회암이 발견되는 것은 지각 운동으로 솟아올랐기 때문이지요. 우리나라의 충청북도 단양, 강원도 삼척과 대화 등은 석회암이 많은 지역이에요.

우리는 동굴 안에 만들어 놓은 꼬불꼬불한 계단을 조심스레 오르내리며
석회암과 물이 힘을 합쳐 만든 멋진 동굴 생성물들을 구경했어.
고드름처럼 천장에 달린 종유석, 바닥에서 솟아오른 석순과 석주,
그리고 지하수가 그린 멋진 동굴 벽의 무늬들…….
"오! 멋져. 신기한데!"
탄성을 질러 대는 우리와 달리 엄마의 얼굴은 하얗게 질려 있었어.
엄마는 폐소 공포증이 있어서 동굴처럼 막히고 어두운 곳을 무서워하거든.
"동굴을 무서워하는 엄마와 동굴을 사랑하는 아빠가 결혼하다니,
이거야말로 사랑의 기적 아니니?"
언니가 엄마 몰래 속삭였어. 나도 동감!

고수 동굴은 남한강과 금곡천의 합류 지점에 있어.

▲**대표적인 석회 동굴인 고수 동굴** 석회암은 시멘트의 재료이다.
석회암이 많은 지역에서는 시멘트 산업이 발달하기도 한다.

▲고수 동굴 석순

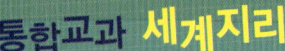 통합교과 세계지리

동굴 생성물은 어떻게 생길까?

동굴 안으로 깊숙이 들어가면 신비로운 동굴의 모습이 펼쳐져요. 신비로운 동굴의 모습은 물방울이 만들어 낸 동굴 생성물 덕분이지요.

■ **종유석**

종유관 옆으로 물이 흘러 광물질이 더 많이 붙으면 커다란 종유석이 돼요. 종유석은 아주 천천히 자라서 길이가 10센티미터 정도 되려면 천 년이나 걸린다고 해요.

◀석회 동굴 천장의 종유석

■ **석순**

동굴 바닥에서 위로 자라는 동굴 생성물을 석순이라고 해요. 석순은 종유석에서 떨어지는 물방울이 바닥에 부딪히면서 생긴 침전물이 쌓여서 생겨요. 그래서 석순 위에는 종유석이 있어요.

▶석회 동굴 바닥에서 자라나는 석순

■ **석주**

천장에서 아래로 자란 종유석과 바닥에서 위로 쌓인 석순이 만나 기둥을 이룬 것을 석주라고 해요.

◀석주

▲유석

■ 유석

동굴 안으로 쏟아진 지하수가 석회암을 녹여 만든 무늬를 유석이라고 해요. 지하수에 섞인 광물질의 종류에 따라 유석의 색깔이 조금씩 달라지지요. 유석은 벽을 따라 자라요.

■ 곡석

곡석은 동굴 안에서 구부러지고 뒤틀린 채 자라요. 중력과 상관없이 여러 방향으로 구부러진 채 자라는데, 왜 그렇게 자라는지는 밝혀지지 않았어요.

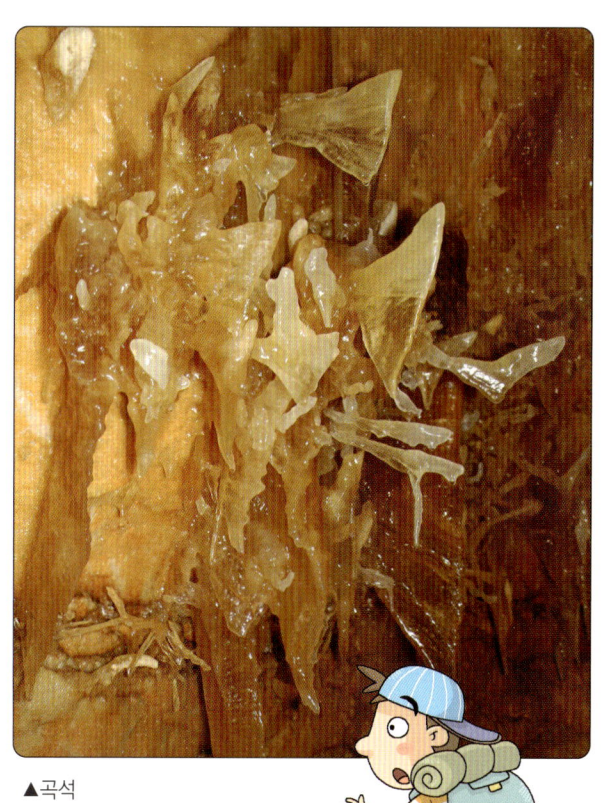
▲곡석

■ 동굴 진주

동굴 진주는 동굴 생성물이 떨어지는 물에 의해 깎이고 침전물이 더 붙어 동그란 진주 모양이 된 것이에요.

◀동굴 진주

관광지로 유명한 라오스 방비엥

하진아, 하영아.
이 멋진 산은 라오스 방비엥의 탑 카르스트란다.
지금까지 아빠가 본 동굴처럼 지하수가 석회암을 녹여 만든 카르스트 지형이야. 카르스트 지형은 풍경이 아름다워서 유명한 관광지가 되곤 해.
그런데 하진아, 하영아! 같은 석회암, 같은 물이 왜 어떤 것은 동굴을 만들고, 어떤 것은 산을 만들까? 그것을 결정하는 힘은 무얼까?

▲ 라오스 방비엥의 위치

◀ 방비엥 석회 동굴

"뭐지?"

"뭐야?"

언니와 나는 얼굴을 마주 보며 서로에게 물었어.

쉽게 찾을 수 있는 답은 아닌 것 같아.

▶관광지로 유명한 카르스트 지형, 라오스 방비엥

▲방비엥 전경

우아, 정말 아름다운 곳이야!

세계 최대의 싱크홀, 멕시코의 제비 동굴

"어머나, 세상에! 또 싱크홀이 생겼네."
엄마의 목소리에 놀라 뉴스를 보니 멀쩡한 도심 한복판에 구멍이
뻥 뚫렸지 뭐야. 하마터면 자동차와 사람이 빠질 뻔했어.
"도대체 싱크홀은 왜 생기는 거야? 사람들이 너무 환경을 파괴해서 그렇지?"
"맞아, 땅속에 있는 지하수를 너무 많이 뽑아 쓰거나 개발을 많이 해서
지하수가 마르면 그 공간이 무너져 싱크홀이 생긴대."
언니와 나는 지구를 사랑하지 않는 사람들을 탓하며 투덜거렸어.

멕시코의 제비 동굴은 세계에서 가장 깊은 싱크홀이야.

▲ 멕시코 제비 동굴의 위치

▶ 멕시코 제비 동굴 입구

"싱크홀이 모두 환경 파괴로 생기는 건 아니야.
산이나 들, 어디에나 생길 수 있지.
특히 퇴적암 지역에서 크고 깊은 싱크홀이 생긴단다.
지하수가 많이 고여 있다 빠져나갈 경우, 지하수가 석회암 성분이나
땅속 소금 성분을 녹여 빈 공간이 생길 경우에도 싱크홀이 생겨.
멕시코의 제비 동굴은 세계에서 가장 깊은 수직 싱크홀이야.
보고 있으면 음, 좀 무서운 생각이 들 정도로 깊은 곳이야."
엄마의 설명을 듣고 찾아본 제비 동굴은 정말 깊은 구멍 같았어.
그런데 거기서 스카이다이빙을 하는 사람들도 있대.
그런 용기는 도대체 어디서 나올까?

제비 동굴 벽에는 칼새와 앵무새들이 산대.

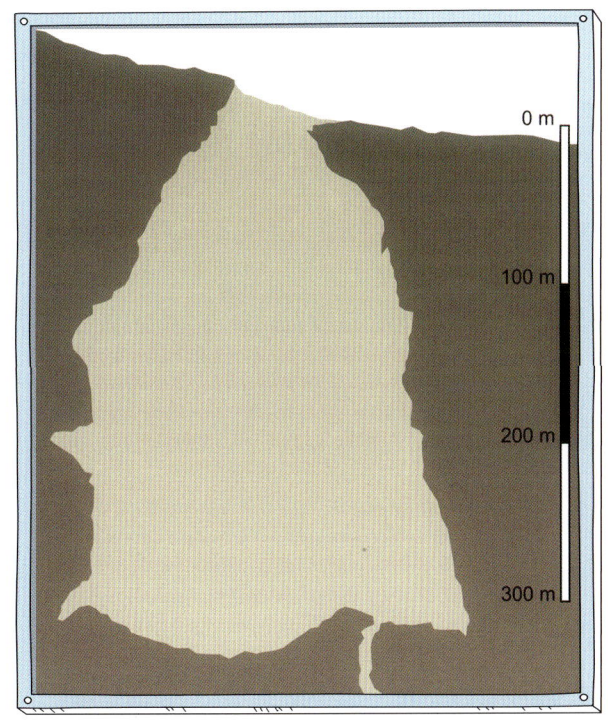

▲**멕시코 제비 동굴의 규모** 지름 50미터, 깊이 376미터 정도이지만 아래로 갈수록 더 깎여 굴의 아랫부분이 더 넓은 형태이다.

▶멕시코의 제비 동굴

용암이 만든 제주도 만장굴 *사회 6학년 1학기 29쪽

"세계에서 가장 긴 용암 동굴은?"

갑작스러운 언니의 질문에 나는 아주 쉽게 대답했어.

"당연히 제주도의 만장굴이지."

지난여름에 제주도에 갔었는데, 만장굴 앞에 그렇게 써 있었거든.

"땡! 틀렸습니다."

언니가 자신 있게 소리쳤어. 나도 질 수 없지!

"아냐, 맞아. 제주도는 화산섬이잖아.

화산이 뻥 터져서 용암이 줄줄 흐르다가,

겉은 빨리 마르고 속에는 뜨거운 용암이 계속 흘러

세계에서 가장 긴 만장굴이 만들어졌어."

만장굴은 우리나라 천연기념물이야.

▶ **제주도 만장굴** 13.422킬로미터의 긴 용암 동굴이다. 천장이나 벽에서 흘러내린 용암이 식으면서 생긴 용암 종유석과 석순, 용암 곡석 등 다양한 동굴 생성물을 볼 수 있다.

"세계에서 가장 긴 용암 동굴은 하와이의 카주무라 동굴이야."

"정말? 아쉽다."

'세계 최고'가 중요한 건 아니지만 어쩐지 1등을 뺏긴 것 같은 억울한 생각이 들었어. 1등은 아니지만 만장굴은 용암 분출로 생긴 특이한 동굴 생성물이 많은, 무척 아름다운 동굴인데 말이야.

어디에 생기느냐에 따라 동굴의 종류가 달라지는군.

교과서 속 **세계지리 플러스**

동굴의 종류
동굴은 주변의 암석의 종류에 따라 석회 동굴, 용암 동굴, 암염 동굴, 얼음 동굴 등으로 나뉘어요.

▼**미국 하와이의 카주무라 동굴** 총길이가 65.5킬로미터로 세계에서 가장 긴 용암 동굴이다.

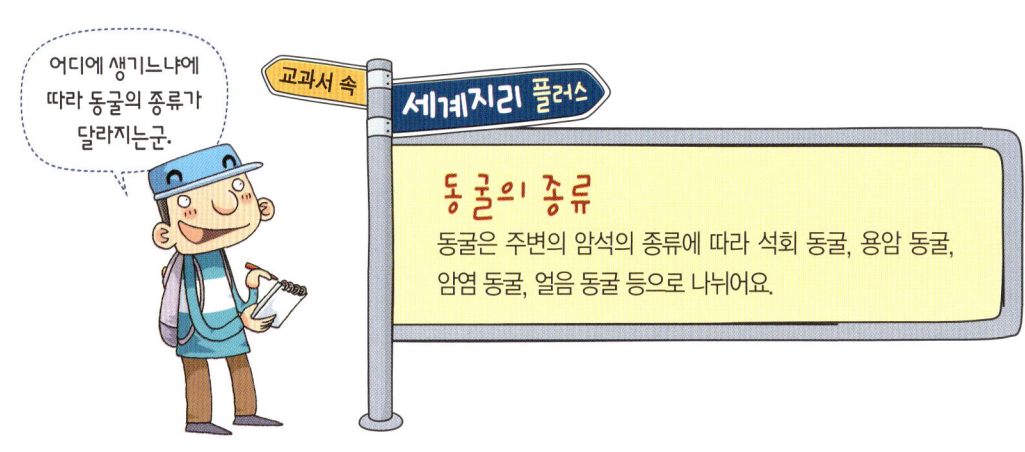

터키의 지하 도시 데린쿠유

엄마가 느닷없이 새우젓을 사러 가자고 했어.
전에는 늘 아빠랑 두 분이서 갔는데 지금은 아빠가 안 계시잖아.
우리는 한참 동안 차를 타고 충청남도 광천에 있는 컴컴하고 시원한 토굴로 갔어.
"여긴 옛날에 금을 캐던 금광이었는데 지금은 새우젓을 저장하고 있어.
굴속은 온도가 늘 일정해서 새우젓이 맛있게 익거든.
옛날부터 인간들은 자연을 잘 이용해서 살아남은 거야."
그러고 보니 동굴은 사람들에게 정말 고마운 존재 같아.

▶터키 데린쿠유의 위치

▲터키의 지하 도시 데린쿠유 이 거대한 지하 도시는 히타이트 인이 처음 건설했을 거라고 추측하고 있다. 이후 기독교인들이 종교 탄압을 피하기 위해 숨어 살았다고 한다. 여러 층으로 이루어진 미로와 같은 지하 도시에는 침실, 부엌, 우물 등 필요한 것들이 모두 갖추어져 있다.

▲데린쿠유의 통로

"엄마, 동굴은 정말 특별해요.
원시 시대에는 집이 되어 주었고 지금은 음식을 맛있게 보관해 주고,
또 은신처가 되기도 했잖아요.
터키의 지하 도시 데린쿠유에는 종교 탄압을 받던 기독교인들이 숨어 살았으니까요.
땅속에 그런 거대 미로를 어떻게 만들었을까요?"
"만들었다고? 그럼 인공 동굴이잖아. 석굴암처럼.
그런 인공 동굴은 아빠가 연구하는 자연 동굴과는 차원이 달라."
물론 언니 말처럼 자연이 만든 거대한 동굴과 인공 동굴을 비교할 수는 없어.
하지만 자연의 동굴을 본떠서 필요한 공간을 만든 인간들도
나름 훌륭한 존재가 아닐까?

▼데린쿠유의 돌문

▼데린쿠유의 교회

▲데린쿠유의 학교

베트남 하롱베이의 해식 동굴

오랜만에 아빠에게서 이메일이 왔어.
"이게 무슨 편지야? 좀 이상……. 와! 와! 와!"
이메일로 온 것은 바로
베트남 하노이로 가는 항공권이었어.
아빠가 우리를 초대한 거야.
우리는 부푼 마음으로 베트남 하노이로 떠났어.
"너희들에게 아름다운 해식 동굴을 보여 주마."
아빠는 우리를 하롱베이로 데려갔어.

▲베트남 하롱베이의 위치

교과서 속 세계지리 플러스

해식 동굴
암석의 종류와 상관없이 파도 등이 암석의 약한 부분을 파고 들어가 만든 동굴이에요. 우리나라에도 제주도, 동해안의 가파른 해안선에 많이 있지요.

▲**하롱베이 천궁굴** 하롱베이는 수천 개의 섬과 동굴들로 이루어진 대표적인 카르스트 지형이다.

하롱베이는 바다 위에 신비롭게 솟은 섬들이 무척 아름다운 곳이었어.
배를 타고 가 보니 파도가 돌을 깎아 만든 해식 동굴들이 있었지.
해식 동굴의 천장에도 희한한 모양의 종유석이 대롱대롱 매달려 있었어.
"하롱베이의 아름다운 풍경은 석회암 지대가 오랫동안 바닷물과
비바람에 깎여 만들어졌단다.
탑 카르스트, 해식 동굴, 천궁굴 모두 자연의 작품이란다."
"정말 멋져요. 우리 모두 함께 있어서 더 좋아요."
신비로운 해식 동굴 아래에서 아빠는 언니와 나를 꼭 안아 주었어.
엄마는 우리를 바라보며 흐뭇한 미소를 지었지.

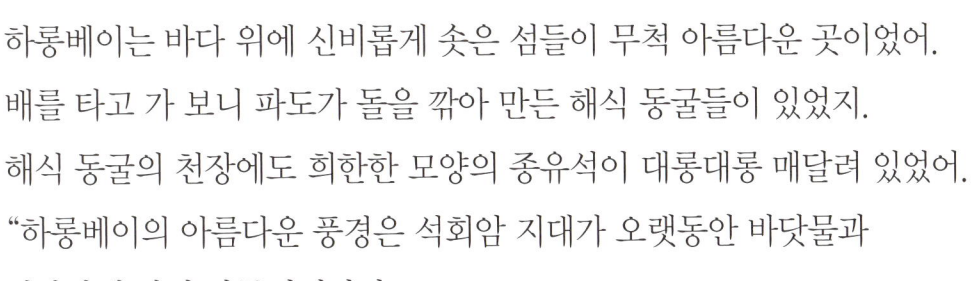

▼ 하롱베이 바다 위의 섬들

교과서 속 세계지리

신비를 찾아 떠나는 동굴 탐험

동굴은 많은 신비를 품고 있어요. 수십, 수백 만 년에 걸쳐 자연이 이루어 놓은 신비는 물론, 우리 조상들이 은밀하게 이뤄 놓은 신비로운 사상과 문화도 품고 있어요. 동굴 탐험은 바로 그 자연과 역사의 신비를 찾아가는 멋지고 신나는 여행이기도 해요.

 신비로운 자연의 기록을 찾아 떠나는 동굴 탐험

동굴은 위험한 곳이에요. 하지만 우리들도 탐험할 수 있어요. 많은 동굴들이 탐험 루트를 개발해서, 일반인들에게도 동굴을 탐험할 수 있는 길을 열어 놓았거든요. 대표적인 곳이 필리핀 팔라완 섬의 동굴이에요.

팔라완 섬은 카르스트 지형이에요. 그래서 커다란 석회 동굴이 생겨났는데, 그 속으로 강물이 흘러요. 그래서 이 동굴을 탐험하려면 배를 타야 한답니다. 이렇게 동굴 속에 직접 들어가 보면 동굴의 신비를 온몸으로 체험할 수 있을 거예요. 수천, 수억 년에 걸친 신비로운 자연의 기록을 우리의 눈으로 직접 볼 수 있는 것이지요.

▲**필리핀 팔라완 섬의 강이 흐르는 동굴 탐험** 동굴 탐사를 할 때, 안전모 착용은 기본이에요. 동굴에서는 머리 위로 종유석이 떨어질 수도 있으니까요.

예언을 찾아 나서는 동굴 탐험

네팔 안나푸르나 산맥 북쪽에는 '무스탕 왕국'이 있어요. 이 왕국에는 흙과 바위산으로 이루어진 절벽에 5만여 개의 동굴이 있답니다. 이곳에서 전해지는 전설에 의하면, 이 동굴들 어디엔가 삶과 죽음, 미래에 관한 신비한 예언을 담은 100여 권의 경전이 숨겨져 있다고 해요. 사람들은 이 동굴을 탐사했어요. 그리고 그곳에서 불교와 관련된 여러 유물을 발견했답니다.

이처럼 동굴은 인류의 역사와 유물이 숨겨진 보물 창고이기도 해요. 그래서 지금도 많은 탐험가들이 이 지역 동굴을 탐사하고 있어요. 동굴 탐사가 모두 끝나면 그 신비한 예언을 담은 경전도 찾을 수 있을까요?

▲동굴에 그려진 불교 그림과 글씨

▲**네팔 무스탕 지역** 동굴은 가파른 산기슭에 있어요. 그래서 동굴을 탐사하려면 전문적인 등산 장비가 필요해요.

교과서 속 세계지리

'눈'을 버린 동굴 속 동물들

동굴은 수십 수백 종류의 동물들이 살아가며, 하나의 생태계를 이뤄요. 그 가운데는 오직 동굴에서만 살아가는 동물들도 있지요. 그런데 이런 동물들에게는 몇 가지 공통점이 있답니다. 그 가운데 하나가 시력이 약하다는 점이에요. 왜 시력이 약해졌을까요?

10년을 굶고도 살 수 있는 올름

올름은 유럽 슬로베니아의 포스토이나 동굴 등 유럽 일부의 동굴에서 발견되었어요. 유럽에 사는 유일한 도롱뇽이지요. 보통 도롱뇽들은 육지와 물, 양쪽에서 생활할 수 있는데, 올름은 물속에서만 살 수 있어요.

올름에게 눈은 없는 것과 다름없어요. 깜깜한 동굴에 살기 때문에 볼 필요가 없어 눈이 퇴화된 것이지요. 햇빛을 쏘일 일이 없는 탓에 피부도 하얘요. 그래서 사람 피부 색깔과 비슷해, 별명이 '휴먼 피쉬'랍니다. 또 특이한 점은, 올름은 10년을 굶고도 살 수 있대요. 동굴에서 먹이를 구하는 게 어렵다 보니, 오랫동안 먹지 않아도 살 수 있도록 진화한 거예요.

▲올름 올름의 눈은 빛과 어둠 정도만 구별하는 역할만 한대요. 그런데 요즘 올름 보기가 힘들답니다. 동굴 생태계가 파괴되어 멸종 위기에 처한 거예요.

◀슬로베니아 포스토이나 동굴

뇌까지 작아진 멕시칸장님물고기

멕시칸장님물고기는 멕시코의 동굴에 살아요. 이 물고기는 올름처럼 눈이 없지요. 올름은 눈의 흔적이라도 있는데, 이 물고기는 눈의 흔적조차 찾기 힘들어요. 그뿐 아니에요. 아예 뇌에 눈과 관련된 신경계(시신경계)조차 없어요. 이 때문에 뇌까지 작아졌다고 하지요.

그런데 뇌가 작아진 건 오히려 이 물고기가 동굴 속에서 사는 데 큰 보탬이 되었대요. 시신경계와 뇌를 유지하려면 그만큼 에너지가 더 필요하지요. 시신경계와 뇌가 없으니, 그만큼 에너지를 덜 얻어도 살 수 있는 거예요. 먹이 구하는 것이 쉽지 않은 동굴에서 이 점은 생존에 아주 유리하겠지요? 시신경계와 뇌까지 버린 건, 동굴에서 더 잘 생존하기 위한 현명한 선택이었던 거예요.

▲멕시칸장님물고기 멕시칸장님물고기는 눈과 뇌를 버린 대신에 후각과 수압, 물의 변화를 몸으로 느끼는 능력을 더욱 발전시켰어요. 시력은 버렸지만, 먹이를 구하고 천적을 피하는 데 필요한 능력은 더 발전시킨 거예요.

교과서에 나오는 〈동굴에서 보낸 수수께끼 편지〉

▲ 22권 동굴에서 보낸 수수께끼 편지 8~9쪽

▲ 사회 6학년 2학기 3. 세계 여러 지역의 자연과 문화 124쪽